심상시선 139

허공의 물레야

안병주 시집

시인의 말

지나간 날에 눈길이 많이 갑니다
내 삶의 토양이요 가슴이요
발자취이기 때문입니다

지난날의 단상
이리저리 짜 맞추다 보면 시상이 되고
좋은 생각, 고운 말, 남다른 시각으로
상상의 나래를 펴 봅니다

시작(詩作)은 나를 찾아가는 일인 것 같습니다
슬픔과 절망도 인생의 중요한 자산이며
기쁨과 희망을 그 속에 잉태하고
있다는 것을 알게 되었고
마음으로 보이는 것도 참으로 많다는 것을
알게 되었습니다

어설픈 목수가 이제 초가삼간 세웠습니다
두려운 마음으로 보여 드리오니
여러분의 많은 책려(策勵)가
향기 나는 고택으로 발전하는데 밑거름이 될 것입니다

샘이 솟아 개울이 되고 강이 되듯이
샘이 마르지 않도록 생각의 힘을 키우겠습니다

저에게 용기를 주시고 지도해주신
박동규 교수님께 깊은 감사를 드립니다

2025년 6월

안 병 주

차례

시인의 말	2
복숭아	9
아카시아 꽃	10
터널	11
짝사랑	12
주름	13
낯선 고향	14
일 출	16
꿈이 부자였다	17
개나리	18
엄마의 달	19
생명과 시련은 동심원	20
눈빛	21
세월이라는 옻칠	22
갓 부화된 새끼의 날개짓	23
지하철	24
매운고추 우리할매	25
낮에 뜨는 달	26
송이버섯	27
가을 아침	28
알밤	29
까치밥	30
반달	31

새벽	32
아랫목	34
가을비	35
은퇴	36
가을장미	37
싸리꽃	38
칡넝쿨	40
나는 우주로소이다	41
시계 판	42
목련	43
별이 쏟아지는 바다	44
얼굴	46
낯선 여관	47
문상을 다녀오면서	48
농사는 하늘이	49
낙타 같은 친구	50
눈물로 씻는 사랑	51
천년의 조상을 찾아서	52
커피와 일기	54
기댈 언덕	55
분재의 절규	56
아름다운 파괴자	58
11월의 달력	59
눈 오는 날이면	60

겨울산	61
자존심의 한계	62
인수봉	63
12월의 석양	64
정(情)	65
출근	66
꿈	67
새해	68
아라홍련(紅蓮)	69
마음	70
달의 부활	71
외로움	72
잠실벌 롯데빌딩	73
설	74
외로움의 향기	75
봄이 오는 길목	76
절망	77
담쟁이	78
낙엽길	79
사랑의 시작	80
하루의 첫걸음	81
명함	82
마음의 온도	83
추억	84
가을 부부	85

아내	86
시간	88
사랑의 중력	89
겨울 나무	90
장점	91
날지 못하는 새	92
돌아 갈 때는	93
나의 오솔길을 찾아	94
산수유	95
플라타너스의 침묵	96
봄비 소리	97
마음을 비추는 거울	98
잡초	100
토마토	101
고독	102
고택의 멋	104
봄눈	105
아지랑이	106
카톡에 실려온 봄	107

시평

한 생명의 두 얼굴, 삶의 무게와 외로움의 노래
　　　　　　　　　　- 박동규　　110

복숭아

아침 이슬로
단물 고아내어

무지개 빛 속살에
넘치도록 채워넣고

스며든 노을에
수줍은 얼굴로

보고싶은 내마음
밤하늘에 날려보내

7월의 달그림자
어스럼한 창가에서

손잡아 부끄러운 그녀
홍도빛 얼굴이 복숭아

아카시아 꽃

달빛 담아 놓은
우윳빛 초롱 속에

꿀 같은 순정을
보석처럼 감추고

수줍어 다가서지 못해
뒷뜰 울타리 되어

오월의 하늘로
진한 향기 토해내는

시집간 누님같은 꽃
아카시아

터널

자기가슴 뚫어

남의 묵은체증
뻥 뚫어 버린
터널

복잡한 세상사
지름길로 가라고

두 하늘 뚫어
길게 누워 있네

짝사랑

새벽이슬에
모시치마 젖듯
나도 몰래 빠져버린
그리움

살짝본 얼굴인데
훔쳐본 얼굴인데

봄 햇살에 싹이 나듯
주체 못해 터져버린
사랑의 망울

애태우며 주저하며
혼자 밤을 밝히는데

보고픔은
훌쩍 커버린
해바라기 되었네

주름

깊이 파인 주름은
삶에 대한 책임감이겠지요
단련된 내공과
힘 있는 야성을
느끼게 합니다

지각의 균열이 클수록
협곡이 깊게 파이듯
삶의 밀도가 강할수록
훈장처럼 나타나는 힘의 곡선

주름은
삶의 무게 자국이 아니고
삶을 개척해 나가는
에너지의 이동 통로입니다

낯선 고향

고향이 낯설다

사람이
골목이
인심이

밭둑가 미나리광에는
농협창고가 들어섰고
맨발의 흙 골목길은
시멘트로 풀향기를 덮어놓았다

명절 때마다 찾아가는
뒷산 묘지만이
변함없이 나를 반긴다

고향 가는 길은
몸보다 마음이 앞섰고
꽉 막힌 도로에도
가슴은 뻥 뚫렸는데

추억을 그리는 고향은
나만의 짝사랑이었다

내 마음은 아직 아날로그인데
고향이 디지털로 변해버렸다

일출

불끈
솟아오른
새벽의 힘
일출

내 가슴
힘찬 박동 속에
붉은 핵으로
자리매김하니

항상
새벽처럼 살고 싶은
뜨거운 욕망
나의 에너지

꿈이 부자였다

가난한 집에 제사돌아오듯
찌든 종갓집에
우환이 곶감처럼 꿰었다

아버지도 안계신데
팔남매의 장남이라
장가가기 힘들단다

천성이 긍정이라
웃음이 많으니
날보고 속이 없단다

남들은 몰랐다
배는 고팠어도
꿈이 부자였다

이제 팔십 가까이에
시인이 되겠단다
꿈도 병이런가

개나리

돌담길
잠깐 머문 봄볕에
터져 나온 노오란 개나리

봄의 그리움을
꽃망울 속에서 부풀리다
봄비 오는 길목 따라
피어났습니다

노오란 꽃단장의
첫 봄나들이 가
새삼 부끄러운지

무더기무더기 한데 모여
얼굴 섞고 고개 숙여

봄이 오는 길섶 찾아
긴팔 늘어뜨려
노오란 꽃을 피웁니다

엄마의 달

창문에 환히 비친 새벽 달빛은
갓난아기 살펴보는 엄마의 눈길같아
불현듯 잠에서 깨 새벽달 봅니다

얼굴도 모르면서 사진도 없고
기억이 없으니 추억도 없어
그리움마저 희미한 꿈결속인데

흘러내리는 우윳빛 달빛은
잊어버린 엄마의 젖 냄새인가
갓난배기 홀로 두고 떠나는
엄마의 애끊는 눈물인가

"재주는 엄마를 닮았어."
"이마는 엄마 판박이야."
기억의 편린을 들려주는 사람도
다 세상을 떠난 지금

교교한(皎皎) 월색은
말라버린 모자의 강에
강물이 되어 다시 흐르네

생명과 시련은 동심원

똑 똑 봄이 노크하면
가녀린 새싹은
두꺼운 흙덩이를 밀어내고
연두빛 떡잎을 키웁니다

지나간 추운 겨울
밀려난 흙덩이는
씨앗을 품고 있던
생명의 인큐베이트

시련이 생명을 잉태하고
생명은 시련의 문을 열고 옵니다

시련은 생명의 파문이요
생명과 시련은 동심원

눈빛

말은 하면 할수록
말이 더 막히고

글도 쓰면 쓸수록
고치고 지우나

그윽한 눈빛은
가슴으로 주고받는 언어

온 세상을 다 담아도
막힘과 지움이 없네

세월이라는 옻칠

1. 자식이 내 청춘이었습니다
황금은 자꾸 보면 싫증도 나겠지만
커가는 자식은 볼수록 더 보고 싶었습니다

2. 내 험담을 하고 다니는 자 괘념치 말게
내가 미처 알지 못하는 내 단점을
내게 알려주는 스승일 수도 있네

어느 철학자의 말이 아닙니다
필부로 살아가는 내 친구들의 이야기입니다

나이는 허투루 먹지 않습니다
칠할수록 빛을 더해가는
옻칠과 같습니다

옻칠을 여러 번 하면
광이 나고 귀하듯이
나이도 공들여 먹으면
천년의 빛이 됩니다

갓 부화된 새끼의 날개짓

껍질을 깨고
하늘로 날아오르는 나비를 그리며

시심의 씨앗을 가슴에 뿌렸는데
아직은 거친 황무지라서
심토를 깊이 갈고 거름을 넣어본다

둥지에서 갓 부화한 새끼가
하늘을 비상하는 유전자를 따라
깃털도 나지 않는 날갯죽지를
팔딱이며 힘을 모으는 모습에서
무작정 힘만 쓰는 내 모습을 본다

언젠가는
그날이 오겠지

거미줄에 걸린 이슬방울 속에
맺혀있는 맑은 난향을
반짝이는 눈빛으로 찾는 그 날을

지하철

명당자리 독차지한 명문 세가
묘지는 잡초 속에 묻혀 엎드려 있고
집터는 흉물스러운 폐가 되었네

세상은 바뀌었네

벼슬자리 북적이는 광화문역
돈이 따라붙는 강남역
사람이 몰려드는 서울역

명당의 지맥 따라
매일 살아가는 우리
모두의 몸속에는 발복의 기운이 넘쳐있어

세상 살다 보면 이럴 때도 있는 게지

매운고추 우리할매

숯불 같은 뙤약볕을
삼복 내내 몸으로 맞아서
희나리처럼 익어버린
가엾은 우리할매

굽은 허리는
재 너머 고추밭에 걸어두고
해거름 따라오는
그림자 같은 우리할매

구월볕이 따가울 때
뒷마당 문을 열면
빠알간 고추멍석에
허수아비처럼 졸고있는 우리할매

맵지않는 고추는
영혼이 없는 것 같아서
할매냄새 그리울땐
매운 고추만 찾습니다

낮에 뜨는 달

해는 중천에 있는데
생뚱맞게도
하늘 모퉁이에
달 하나 떠 있다

햇빛에 가려져
하릴없는 그림자

다 쓰고 버려진
달의 명함

내 명함도
누가 버려놓지 않았는지
목을 빼고 쳐다본다

송이버섯

솔가리를 뚫고
봉곳이 솟아오른
송이 버섯

자식에게 다 내어주고
한줌의 낙엽되어
흙속에 묻혔건만

아직도
남아있는 사랑이 있었나

봉곳이 피어오른
엄마의 사랑

※ 솔가리 : 소나무 잎이 떨어져 말라버린 낙엽

가을 아침

이슬 방울 속같은 티 없이 맑은 하늘

팔랑이는 은행잎 사이로
햇살 톡톡 튀는 빛의 파랑(波浪)

수채화 같은 산책로엔
가을을 닮은 노부부

하늘을 닮아 맑은 호수
거꾸로 내려 앉은 가을 산

빨강 고추잠자리가 물고 온
청량한 들국화 향기

나도 하나의 풍경이 되어
시가 되고픈 가을 아침

알 밤

밤톨 같은 삼형제
인물이 남 달라서
못나가게 막아 놓고
가시로 둘렀더니

커가는 세월 어찌겠나
부모 몰래 집 헐고
바람따라 도망갔네

오지 않을걸 알면서도
가슴열고 밤새 기다리지만

자식 있는 곳에 부모 걱정 앞서가니
밤송이 같은 염려가
온산을 덮고 있네

까치밥

높다란 가지 끝에서
흔들리며 익어가는 까치밥
가을을 꼬옥 잡고 있다

텅빈 교정에서 까치밥처럼
남아있는 학생들
고향을 꼬옥 잡고 있다

사라져 가는 것에 대한 연민
가을볕이 따뜻이 비추고 있다

세월을 꼬옥 잡고 있는
할머니의 염려스런 눈길이
이심전심으로 다가오고 있다

반달

그대 향한 그리움이
사무쳐 올라

좁은 가슴에
담지를 못해

반쪽은 떼어서
하늘에 걸어두고

가슴 깊이 숨겨놓은
뜨거운 마음을

달빛에 띄워서
그대에게 보내오니

그대 창가에
달빛 내려오면

살포시 창문 열고
받아주소서

새 벽

참 오랜만에 들어보는
새벽닭 우는 소리

잊고 있었는데
눈물겹도록 정겨워
새벽을 꼬박 밝혔다

따뜻한 아랫목
새벽은 창가에 스미는데
게으름 한덩이 품고
꿈속으로 자맥질 하는 나

이십리 등굣길
삼촌 학교 늦을세라
부엌에서 걱정 끓이는 할머니

산바라지로 친정에 온 고모
하루를 시작하는 갓난아기의
찢어지는 울음소리

어제저녁 지핀 군불에
장작 몇가지 더 얹어
사랑방 구들을 데우는 아버지

담 하나 사이에 둔 이웃
새벽잠 없는 할아버지의
헛기침 소리

오랜만에
소환해보는 새벽 풍경
우리집 타임 캡슐이다

아랫목

온돌방
따뜻한 아랫목
그 따뜻함이 서열을 정했다

엉덩이 하나 댈만한 공간
따뜻함의 정도에 따라
아랫목에서 윗목으로
손위에서 아래로
서열이 정해졌다

그것이 질서였다

기름보일러
아랫목이 사라졌다
어른이 사라졌다

가을비

주룩주룩 비가 내린다
지나간 것에 대한 아쉬움으로
심중에 피어오른 처연한 물안개

화려한 포장이 다 벗겨진
가릴 것 하나 없는 알몸으로
광야에 서 있는 이 가을

낙엽 속에 묻어 둘
검은 씨앗 한 톨 없는 빈손에
가을비는 스며들고 있다

텅 빈손 텅 빈 가슴
빗물은 우산을 타고
가슴으로 흐르는데

가을을 봄으로 삼아
바위틈에 피어난 구절초
허전한 내 가슴에
꽃웃음 보낸다

은퇴

축하와 박수가 쏟아지는 퇴임식

유통기한 지난 묵은 가지
솎아 내는 행사인가
박수치는 사람들의 영악스러움이란

솎아내기는 우리들의 DNA
김장 모종 솎아내고
어린 과일 적과하고

"더불어 함께" 구호는 요란하다

외로워 친구를 만나지만
돌아오는 길이 더 외로운데

벌써 스위치가 꺼진 사람일까
이젠 마음도 솎아내야지 하지만

물길을 거슬러 올라가는 연어를 보고
밀려온 막장에서 희망을 다시 본다

가을장미

시월 하늘을 닮아
고결하게 피어나는
가을 장미

맵시 고운 한복에
청순한 규수 같아

달빛 어린 붉은 뺨은
가을바람에 흔들리는데

노을이라도 물들 날이면

짙은 향기 익어가는
애탄 가슴 부여안고

먼 하늘 별빛에
하얀 사창 몰래 열어

달빛 그림자 따라
밤마실 나갑니다

싸리꽃

혼자 피는 꽃이
너무 아쉬워
무더기무더기
함께 피우니
가을 산록에 빛나는
보랏빛 모자이크

빗질 가지런한
머리카락처럼
고개 숙여 아래로
꽃을 피우고
머리 닿는 풀숲엔
청홍색 장끼

꽃술 떨기에
감로수 한데 모아
거미줄 층층마다
이슬방울 꿰이니
윤습하게 반짝이는
보랏빛 싸리꽃

이슬방울 또르르
딱새 머금으니
떨어지는 물방울에
햇살이 잠겨
방아깨비 머리 위로
톡톡 튀는 금방울

칡넝쿨

땅속 깊이 뿌리 박고
힘 넘치는 넝쿨로
누런 황무지를
녹색의 생명으로 바꾸며
흘러내리는 황토 흙을
단단히 움켜잡는
칡넝쿨의 생명력을 보라

그 힘찬 생명력으로
민둥산은 푸른 산이 되었는데
달면 삼키고 쓰면 뱉는
인심 탓인가
지금은 유해 식물

칡넝쿨은 변함이 없는데
세상이 변했구려

나도 변함이 없다는 데
변하는 세상에 칡넝쿨 신세는 아닌지?

나는 우주로소이다

빛의 속도 보다
더 빠른 생각

태양보다
더 뜨거운 가슴

바다보다
더 깊은 눈동자

블랙홀보다
더 끌리는 사랑

오로라보다
더 섬세한 마음

우주의 기운이
집중되지 않는 곳이 없는
나

아!
나는 우주로소이다

시계 판

오래된 기억은 선명한데
엊그제 기억은 희미해져
기억도 선입선출(先入先出)인가

그런 것 같아 시계를 보면
12시가 지나면 13시가 아니고
1시부터 다시 시작인걸

옛 기억이 생생하고
옛 친구가 그리워지는 건
젊은 시절인 오전의 기억

6시가 지나면 리셋 되겠지
달력에 남아 있는 최근의 기억으로

목련

달빛에 더 고운
순결한 신부

새하얀 면사포로
별빛 타고 내려오다

목련 가지에
달처럼 걸렸는데

족두리 사모관대 쓰고
결혼한 우리 부부

아쉬워하는 아내 마음
목련이 먼저 알고

면사포 같은 꽃 한 송이
살포시 내려준다

별이 쏟아지는 바다

[업셔]호
월남으로 파병되는
젊은 군인이 탄 수송선

전투, 부상, 삶, 죽음
정글의 벌레처럼 스멀스멀
올라오는 온갖 상념은
힘찬 군가 한곡으로 날려버리는
기백 있는 청춘

남지나해의 밤바다
사방이 수평선, 청정한 공기
피부를 간지럽히는 바람

누가 하늘에 별빛 카펫을 깔았는가
하늘에 별이 뜬게 아니라
별무리에 언뜻언뜻 하늘이 스며있다

수평선 너머로 쏟아지는 별 폭포
반사되어 출렁이는 금빛 물결

별과 함께 뛰어내리고 싶은 충동은
청춘의 푸른 감정

보름달은 구석진 골목의 외등같이
별빛 속에 묻혀 버리고

상념속에 또아리고 있는 불안감
밤바다는 씻어내고 있었다

흘러나온 노랫소리
"가시는 곳 월남땅 하늘은 멀더라도"~
맹호부대 노래였다

얼굴

거울을 보다가
아버지 얼굴이 언뜻 비춰
깜짝 놀랐다

내 얼굴이
나만의 것이 아닌 모양이다
또 누가 숨어있나

내 얼굴에 질문이 쏟아진다
누가 디자인했을까

해가 갈수록 내 얼굴 속엔
누군가가 숨어 있음이
분명해 보인다

거울을 보면서
얼굴을 찬찬히 들여다본다

내 얼굴의 암호를 해제해서
숨어있는 그 누구를 찾아야겠다

낯선 여관

이른 새벽잠에서 깨었다.

미명의 꿀 같은 새벽
낯선 기운이 방안에 들어와
남은 잠을 쫓아 버렸다

아. 낯선 곳이었구나
피부가 느끼는 익숙함이 없었다

냄새가 다르고 공간이 다르고
새벽에 들려오는 소리가 낯설고
눈감고도 환한 내방이 아니었다.

몸에 익은 익숙함을 집에 두니
먼저 피부가 낯설어했다

새 것만 좋아하는 세상
집에서도 영원한 이방인이 된다.
내집이 낯설어진다

문상을 다녀오면서

나이가 많으셔서 호상이란다
상주도 조문객도 슬픈 기색이 없었다

100세에도 건강한 삶이 있고
60세에도 죽음보다 못한 삶이 있는데

호상의 기준은 무엇일까
고인의 나이인가
간병의 피로도인가

떠난 자만이 알 것이다

음복이라며 육개장에 소주 한 잔
내내 헷갈렸다

슬픔을 위로하러 갔다가
기쁨이 묻어온 것 같다

농사는 하늘이

20년이 되었을 때
주름은 골이 파인 나무줄기였고
등허리는 가지에 붙었으며
지문은 나무껍질이었어

30년이 되었을 때
숨소리와 맥박은 사과나무와 동화되었고
아버지의 영혼에 사과가 들어왔어

자식보다 나무 크는 것에 걱정이 많았고
아내보다 나무의 갈증을 더 염려했지

그런데 농사의 끝은
무엇인가

30년 농사꾼 아버지도 몰랐어
농사는 하늘이 짓는다는 것을

매년 풍년이 들게 하지는 않아
사람이 사과 귀한 줄 알게

농부가 일을 하면
코드는 하늘이 잡고 있지

낙타 같은 친구

세월도 아름다움이 될 수 있구나
겅중겅중 뛰는 건강미는 없어도
모래바람이 씻겨온 아름다움이 있었네

각자의 사막을 걸어왔으니
다른 모래 이야기를 낙타에 싣고
카톡의 모래언덕을 넘어
같은 오아시스에 모였지

신기루에 길 잃은 적이 한두 번이든가
잃어버린 오아시스는 몇 개이던고
채찍에 휘둘려 커다란 눈망울 속에
고통의 눈물을 감춘 적은

카톡에 담글 수 없는 묵은 얘기들
마음을 털어놓았으니
등짐도 가벼워졌겠지

저녁노을에 멀어지는 듬성듬성 뒷머리가
낙타의 뒷모습 같아 처연 서러웠다

눈물로 씻는 사랑

거미줄에 걸린
이슬은
햇볕을 머금고
반짝이는데

내 가슴에 걸린
사랑은
햇볕을 머금지 못해
눈물로 씻어줍니다

진주처럼 반짝이게

천년의 조상을 찾아서

천년의 조상을 찾아서
전국에서 몰려드는 참배객
좌우 산등성이는 두 팔을 벌려
후손을 감싸 안는 선조의 마음

핏줄을 거슬러 찾아가는 순례길
처음보는 사람인데 낯설지가 않고
바코드가 같은 사람들
피의 온도가 같은 사람들

토란잎에 맺힌 빗방울이
수은방울처럼 가운데로 모이듯
피는 표면장력과 다른 중력

조상의 그물 벼리에
그물코를 넓혀온지 천년
그물로 연결된 카톡에
수신 차단이 안되는 후손들

피의 끌림이 천년을 이어주었다
천년의 역사를 가진 나

※ 벼리 : 그물의 위쪽 코를 꿰어놓은 줄 그물을 오므렸다 폈다 함

커피와 일기

감정의 리듬에 따라 선택하는 커피도
향기로 기록하는 마음의 하루

마음이 아플 때
한잔의 커피는 상처를 아물게 하고

마음이 즐거울 때는
커피향을 타고 기쁨이 늘어나며

함께 마시는 커피는
서로의 눈빛에 빠지는 일이요

혼자 마시는 커피는
내 마음에 빠지는 일인데

오묘한 색깔과 감미로운 향기는
헝클어진 실타래를 풀어주는 영혼의 물레

하루가 녹아 있는 커피 잔은
향기로 쓰는 일기장

기댈 언덕

기댈 언덕이라도 있어야 하는데
할머님의 한숨과 함께 입버릇이 된 말씀

그럴 때 마다 난 산으로 올랐지

바다를 보면서 꿈을 키웠고
일출을 보면서 힘을 키웠다

뿌리는 상엽토에
입은 스프링 쿨러에
체온은 난방 스위치에 의존하는
온실에 핀 꽃은 조화 냄새가 나고

바위틈 찾아 뿌리 내리고
이슬과 비로 목을 축이며
별빛으로 난방을 하는
산매화에는 생명의 향기가 풍겨오니

할머님
꿈이 땀을 만나면 기댈 언덕이 됩니다

분재의 절규

새순의 밑동이 잘려 나가고
성장판이 닫혔어요
싹둑싹둑 손길이 오더니
팔다리가 한곳에 정렬되어
머리가 아홉인 괴물이 되었지요

허리는 꺾어져 꼽추 혹이 되었고
온몸이 짜이고 뒤틀어져
등은 앞으로 눈은 뒤로 갔는데
인간의 가학성의 예술인가요

광합성이 멈춰지고
원한이 탄소를 내뿜던 저녁
온몸에 탱화를 그려
불심으로 공격하더니
성형의 거울로 위장해서
톱날과 대팻날이 얼굴에 시퍼렇고

철사가 살을 파고들어 올 때
복수심은 더욱 광포하나니

직립형에 도립(倒立)형을
팔다리가 없는 오뚜기 형 인간도
설계도를 준비하고 싶어요

아름다운 파괴자

겨울 신사
동녘 산마루의 수려한 소나무
칼날 같은 찬바람은 잘 견뎌놓고
솜털같은 눈이불에 가지를 꺾였네

흰 구절초처럼 쏟아진 눈 폭포
하얗게 변한 아름다운 세상에
모두 행복에 잠겼는데
천사의 미소뒤에 숨은 발톱

아름다움은 면책특권인가
맞은 소나무보다 때린 눈에
정이 더 가는 것을

도자기를 깨트린 귀여운 꼬마 악동
깨어진 도자기 보다는 귀여운 아기에게
염려가 먼저 가듯

11월의 달력

달력을 본다는건 희망을 찾는 일
서른개의 방에서 서른개의 희망을

한해의 끝으로 달려가는 11월
걱정이 없고서야 어찌 밤이 길겠는가

한해의 축제가 마무리 되고
12월의 겨울잠으로 해그림자 길어질 때
내 가슴에 번져오는 두려움

올해의 나이테는 어떻게 익었을까
노란 은행잎 일까 칙칙한 플라타너스 일까

발표를 앞둔 수능생의 불안한 가슴으로
11월의 신호등 앞에
마음 졸이며 서있다

눈 오는 날이면

눈이 쏟아지는 날
꿈꾸는 한 조각 눈이 되어 날아간다

창호지 밖으로 내리는 눈이 보이는 밤
마당에 눈 쌓이는 고요한 소리 들리고
따뜻한 화롯가의 군밤 냄새는
문풍지를 타고 바람에 실려 나간다

주름진 할머님 얼굴에도
사랑이 눈처럼 쌓이고

숲속 눈길 오르면
새 세상이 펼쳐 있을까
꿈길 가듯 눈길 밟는데
나만의 별세계를 누가 볼까 봐
쏟아지는 눈은 내 발자국을 감춘다

눈꽃 속에 녹아든 하루였다

겨울산

겨울산은
듬성듬성 깎은 머리
골격과 힘줄이 드러나고
숭숭한 머리카락 칼바람 맞으며
벽면 수행하는 고승의 모습

무슨 업보가 그리 질길까
칠흑 같은 긴 겨울밤
하늘 두고 참회해도 남는 업보
튀어나온 나뭇등걸로
회한을 토해낸다

계절의 윤회로 찾아오는 봄
그 봄마저 새로운 업보가 될까봐
꽃과 벌 나비 날아오기 전
서둘러 잎으로 도량을 덮는다

바위 같은 업장은 사라졌는가
피어난 부처손에
염화미소(拈華微笑)가 어린다

※ 염화미소 : 그말이 아닌 마음과 마음으로 통하는 일

자존심의 한계

볼트 빠진 기계처럼 휘청거린다
사람보다 정시도착이 우선이니까

안개 속을 걷는다 땅은 노란색
수분은 다 증발했는지 혀가 타오르고
죽더라도 수통의 물은 아껴야지

내가 먼저 쓰러질까 10분간 휴식인데
아니야. 야생으로 자란 체면이 있지

일사병으로 죽을 수도 있어
잠깐 쉬고 나면 회복 될 거야
고통의 시간에도 생명을 생각했다

"10분간 휴식" 천사의 목소리
누군가가 쓰러진 모양
소생의 시간은 10분이면 족할까

나 대신 자존심이 망가진 친구
고맙고 미안했다
10분간 휴식이 위로가 되었겠지

인수봉

매일 새벽 중창을 열고
인수봉에 눈기척을 보낸다
맑은 날엔 햇빛 한 줄 보내오고
날씨가 나쁘면 늦잠을 자고 있다.

인수봉은 새벽에만 교감하는 새벽메이트
밤이슬에 고이 씻은 변함없는 하얀 자태
마음의 심지로 가슴에 들이고

한강물이 처음 흘러 관악산 불 끌 때에도
인수봉은 그 자리에 그대로 있었다

인간의 셈법으로는 깊이를 알 수 없는 역사
오직 현재로만 살고 있는 인수봉

12월의 석양

태양이 힘을 잃었다
달랑 한 장 맥없이 달려있는 12월의 달력처럼

햇볕 한 줌 쥐겠다고
온종일 팔 벌려 서 있는 은행나무
겨울바람에 바르르 떨면서
애써 움켜쥔 잎사귀를 떨구고 있다

식어가는 화롯가 잉걸불은
재로 덮어 불씨를 살리는데
하늘의 재는 어디 있는가

어서 어둠이라도 찾아와
서녘 하늘의 붉은 노을이라도
식어가는 태양을 덮어야겠다

내일 뜨거운 일출을 다시 볼 수 있도록

정(情)

핫팩
그냥두면 열이 나지 않는다

비벼야 열이나고
부대껴야 더욱 따뜻해진다

양지바른 담벼락도
동네 아이들이 놀아야
따뜻함을 알고

함께 웃으며
사람과 부대껴야
더욱 따뜻해지는 마음

출근

태양보다 출근이 빨랐다
햇살이 항상 뒤를 따라오고

긴장감이 상큼한 사무실
내 땀이 직장의 거름이 되고
직장이 내 얼굴을 만들었네

희망으로 달려온 출근길 50여년
산천이 변해도 꿈은 변치않아
앳된 총각이 중후한 신사가 되었고

묘판처럼 정리된 캐비닛
나의 실록은 사무실 서류 파일

매일 출근하는 태양처럼
나도 영원한 현역이었다

꿈

엄마의 꿈이 잉태되어
생명으로 태어난
나

자식을 낳는다는 것은
꿈을 낳는 일

엄마의 품속에서
수없이 마주보는 눈으로
꿈은 이어지니

나의 꿈은
엄마와 함께 꾸는 꿈

새해

시간은
늘상 앞서 가면서
뒷모습만 보여주더니

새해 아침
나를 데리러
기다리고 있네

어떻게 변했을까
궁금해서 쳐다보니

나만큼 변해서
깜짝 놀랐는데

아차!
내 얼굴이 시간인걸
내가 잊고 있었구나

아라홍련(紅蓮)

함안 성산산성
700여 년 전의 연씨가
이제야 꽃을 피워
함안의 옛 이름 따 지은
아라 홍련

꽃을 피우겠다는 일념
700여 년의 인고와 고독
모질게 견뎌온 한 줌의 꿈
어찌 1000년인들 못 견디리

고려의 공기
민초들의 냄새를 풍기며
시간의 태엽을
고려시대로 되돌려 놓았다

생명의 진화를
700여 년간 멈추면서
기어이 꽃을 피워낸
위대한 힘

마음

심중(心中)에 숨어있어
손으로 만져지지도 않고
X-Ray 로도 보이지 않으니

한점이어서 너무 작고
바다보다 너무 커서
보지 못한 것일까

보이는게 전부는 아닐 것
화려한 봄꽃에도 찬바람이 있고
둥근 보름달에도 구름 덮히니
나도 모르게 변하는 마음

천사의 날개에서
악마의 미소까지
찰나에 이동한다

내게도 생경한 내 마음
내가 주인일까
주인이 따로 있는걸까

달의 부활

안개가 꿈꾸는 느낌일까
눈처럼 포근히 가슴에 쌓이는
우유색 달빛

밤의 은밀성에 빗장이 풀려
촉촉해진 마음 달빛과 나누니
나의 연륜처럼 달도 살 차올라
함께 보름달이 되었네

누렇게 뜬 보리같은 어린시절
보리피리 하나에도 꿈을 노래했고
초롱한 눈망울은 꿈에 불탔는데

이제는 잿빛 노을을 타고 있네
넘어가는 노을에 꿈을 맡길순 없지

보름에서 그믐으로 다시 보름으로
달은 매달 부활하는데

초승달 빛 틔울 때 내 꿈 다시 틔우리

외로움

죽음의 체험 현장
관뚜껑을 열고 나오면
하나 같이 흘리는 눈물

완벽히 차단된 공간
우주를 떠도는 별처럼
철저한 외로움을 보았는가

혼자 태어나 홀로가는 인생
외로움은 무한대를 담는다
인생은 언제나 1인용
외로움을 찾아가는 여정

생명을 담보하는 월남파병
인생이 걸려있는 아내 선택
외로움의 힘이 힘든 결정을 한다

혼자 별을 보면서 꿈을 꾼다
외로움이 외롭지 않다

잠실벌 롯데빌딩

잠실 123층 롯데 빌딩
꿈의 패러다임을 바꾸어 놓았다
꿈은 꾸는 것이 아니라
설계 하는 것

마법같은 빛의 향연에
기하학 구도가 반짝이고
나선형 빛의 회전에도
수축과 확장의 논리가 들어있다

매일밤 롯데 빌딩을 보노라면
침전된 꿈에 소용돌이가 일어난다

성장계수와 열정의 함수인
나의 꿈의 크기는
123층 롯데 빌딩

롯데 빌딩에 꿈을 발효시킨다

설

일상의 물에서
포도주로 축복 받은 날
설

"새해 복 많이 받으세요"
주고 받는 말의 축복
두툼해 지는 복 광주리

어린이는 몸으로 설을 쇠고
어른은 가슴으로 설을 쇤다

설은 세월에 마디를 세우는 일
마디가 튼튼해야
세월이 단단하고

설날의 각오는 한해의 가로등이 된다
오는길 비쳐보고 가는길 밝혀주고
길 잃고 헤메일 때 길라잡이가 되어주는
마음의 가로등

외로움의 향기

깊은 산 바위 밑
난초 한 송이

찾아오는 사람 없어
홀로 외로워도
종일토록 향기롭습니다

혼자 있어도
항상 향기로운 사람

난초는
외롭게 있을 때
더 향기롭습니다

봄이 오는 길목

봄바람이 먼저 찾아 옵니다
겨울잠 자는 나무 흔들어
봄을 준비하는 생명의 바람

검은들은 녹색으로 물들고
작은 실뿌리 하나 빠짐없이
푸른 생명으로 싹을 틔워
뾰족이 땅을 헤집고 올라옵니다

홍매화가 봄의 창문을 엽니다
봄비에 간지러운 꽃몽우리
붉은 꽃이 향기를 뿜으면
꽃샘바람이 사방으로 날립니다

맨발로 대지를 밟고
봄을 온몸으로 느껴보리라
발바닥으로 느껴지는 생명의 파동
심장의 물방아를 힘차게 돌립니다

시냇물도 봄이 왔다고 노래합니다

절망

칠흑 같은 그믐밤
시간이 지나면
환한 보름달 되고

회오리 바람에
휩쓸려가는 민들레 씨앗도
황무지에 싹을 틔웁니다

절망이 희망을 노크하고
희망은 절망에서 싹을 틔웁니다

절망의 깊이만큼
인생도 깊어지고
절망도 아름다워야
인생이 아릅답습니다

담쟁이

물 한방울 흙 한톨 없는
회색빛 벽돌담을

가녀린 줄기 손으로
후진도 모르는채

생명의 한계선을
넘나들면서도

오후 땡볕에
벽돌담이 뜨거울세라

키가 없어
그늘을 못 만드니

푸른 손 펼쳐
온몸으로 감싸안네

낙엽길

바람에 흩날리는
낙엽을 보고
마음 한구석이
애잔하니
강한 듯 여린
내마음이
낙엽속에 길을 잃었구나

쌓여진 낙엽만큼이나
두터워진 세월인데
한가닥 가을바람에
나도 몰래
한그루 은행이 되어

가슴이 단풍이 되고
얼굴에 노란 가을이 익어간다

사랑의 시작

애절한 그리움이
눈물이 되면
가슴에 담아 두시면
마음의 호수가 됩니다

하고싶은 말이
수줍고 부끄러우면
가슴에 적어 보시면
마음의 편지가 됩니다

마음의 편지를
호수에 띄어보면
퍼져 나가는 파문처럼
사랑이 일렁입니다

하루의 첫걸음

아침 햇살의 정기를
온몸으로 받아
힘차게 내딛는 나의 첫걸음

힘찬 발자국 소리는
새벽의 언어
영혼의 울림

한낮의 피곤이
몸위에
삶의 무게를 올려놓으면

무거워진 발걸음만큼
꿈의 지평은
넓어지리니

내일 새벽을
가벼운 발걸음으로 깨운다면
나의 꿈은 현재 진행형

명함

세월은 명함을 만들고
명함은 세월을 치장한다

명함은 나팔꽃
해가 뜨면 활짝 웃지만
해가 지면 시들어지니

가로등 같은 명함이 되고싶다
있는 듯 없는 듯 하지만
필요할 때 길 밝혀주는
가로등 같은 명함

마음의 온도

온전히
마음의 주인이
되어본 적이 있었는가

가장의 무게
욕심의 무게 때문에
마음의 마우스는
의지와 상관이 없었다

처음부터
남을 위한 삶이었나
타율에 길들여진 삶
땀의 광주리는
어디에 있었는가

나이를 먹어도 영혼이 목마르다
이젠 마음의 궤도를 바꾸어
나를 향해 돌진 해보자

마음의 주인이 되어
마음의 온도를 뜨겁게 달구어보자

추억

시오리 신작로 학교가는 길
드문드문 차라도 지나가면은
먼지와 함께 꽁무니 쫓아가고

5일장 소달구지 끌고가는 장꾼들
영어단어 잘 외운다고 머리 쓰다듬지만
배고픈 내 배는 사탕이 고마운데
뱃속사정 알리 없는 어른들

나를 닮은 해바라기
머리와 키만크고 홀쭉 마른 몸매
울타리 너머로 세상 넓히네

코스모스 꽃길 시오리
꽃잎따서 꽃줄기 돌리면
바람개비처럼 멀리 날아간다

추억은 치유
시간이 빚어내는 예술
눈물 쏟은자리에 꽃을 피우네

가을 부부

낙엽을 쓸고있는
미화원 부부

마음졸인 아내
걱정에서 출발한
사랑의 동행

두사람
한마음

두사람
한그림자

맑은 가을하늘
빨간 단풍잎처럼

아내

무슨 인연이 이리 깊은지
피와 살도 섞이지 않고
태어나 살아온 곳도 다른데
마치 몇 생(生)을 기다린 사람처럼
이렇게 좋고 잘 맞는 것을

골수에서 매일 피가 생기듯
날마다 사랑이 새록하니
감당 못할 싸움이 어디 있으며
소화 못할 투정이 어디 있으랴

내가 잘 먹으면 아내가 배부르고
아내가 더 낫다하면
은근히 좋아지는 이 마음은
도대체 어디서 연유한 것일까

걸음걸이만 보아도
눈빛만 보아도
당신 마음을 알 수 있고
나보다 더 나를 잘 아는 당신

우리는 분명 전생에 한 몸 이었을게다

피를 나눈 열자식이
어찌 아내 사랑만 하리오
살을 나눈 열 동기가
어찌 아내 온기만 하리오

영원히 꺼지지 않는 태양은
너무 멀어서 그리웁고
비록 녹더라도 커다란 초가 되어
항상 당신곁을 밝혀 주리라

시간

헐렁한 바지
보잘 것 없는 셔츠를 입어도
젊음이 멋진 것은
시간이라는 통장의 잔고가
많이 남았기 때문입니다

시간의 잔고는 모래시계 같아
내곁에 머무르지 아니하니
봄바람에 녹아 내리는 눈입니다

시간이 인생을 담고
인생의 정답도 시간에 있는데
잔고가 많을 때는 내가 모르고
알 때 쯤에는 잔고가 없으니
시간은 영원히 잡지 못하는
바람입니다

사랑의 중력

별의 인력으로
나를 끌어 당긴 그녀

나는 그녀의 궤도를 공전하는
뜨거운 위성이 되었네

가끔 혜성처럼
사랑의 유성우가 내리면

팽창하는 내 가슴은
붉은 마그마로 끓어오르니

은하에서 내려온 그녀는
나의 영원한 우주이여라

겨울 나무

겨울의 침묵이
무겁게 내려 앉은 공원
놓아기른 겨울 바람이
헤집고 다닙니다

좋은 시절 함께한
꽃과 잎은 다 보내고
칼바람 속에서 홀로
공원을 지키는 겨울나무

바람 한 점 가릴 것 없어도
하늘로 가지를 뻗어
기어코 봄을 키워내는
겨울 나무의 기상

휘어진 등에 눌려오는 삶의 무게
가슴의 눈물자국이 나이테가 되는
가장(家長)의 외로운 책임감

장점

너른 들 같은 초등학교 운동장
지금은 마당만하게 작아보이고

고기잡고 물장구 치던 둠벙은
조그만 미나리광처럼 작아졌네

변한게 없는데
왜 다르게 보일까

마음이 큰 것일까
마주한 세상이 많아서인가

남의 허물이 커 보이면
내 마음이 작은 탓이려니

뽕잎의 누에는 커보이지만
오동잎의 애벌레는 작아보이니

장점을 크게 늘리면
단점은 점처럼 작아지리니

날지 못하는 새

트랜스지방이 눌어붙어
뒤뚱거리는 비둘기

날아가는 친구따라
종종걸음으로 뛰지만
호수에 가로막혀

저녁 노을 붉어오는데
깃접어 쉴 집은
호수 속 그림자로 잠겼고

날지 못하는 날개를 겉 옷 삼아
초승달 그림자에 얼굴을 묻는
슬픈 눈을 가진 비둘기여

멀리 날려면
몸을 비워야 하는 유전자를
잃어버렸다

돌아 갈 때는

동녘 바다를 붉게 물들이며
불쑥 태어난 붉은 얼굴
해돋이

서녘 하늘을 붉게 물들이며
변함없는 붉은 얼굴로
고향으로 돌아 가는
해넘이

할머님도 고향가실 때
깊은 주름 다 펴시고
앳된 얼굴로 가셨으면

맑은 동심도
함께 가져가시고

나의 오솔길을 찾아

이름 석 자도
남이 지어준 것
타율(他律)의 시작

내 몸과 하나 되어
살아온 나

접목된 수박처럼
남의 안경으로
나를 바라보았네

꽃잎 속의 꿀은
벌 나비가 먼저 알듯
나도 모르는 내 마음
남이 알까 겁이난다

올봄엔
타율의 아스팔트 빛어나
자아의 샘길따라
나의 오솔길 찾으리라

산수유

겨울인 양
늦추위 심술에도
어김없는 봄의 전령사
산수유

봄은 벌써
몽우리 몽우리마다
노란화장 숨기고
가슴을 부풀립니다

남녘 초록바람 타고
노란 아지랑이
가슴에 와 닿으면

수줍은 첫선처럼
새벽녘 몰래
연노랑 미소 드러냅니다

몽글몽글 봄기운
냉굴같은 내 가슴에도
새파란 미나리
싹을 틔웁니다

플라타너스의 침묵

겨울이
모든 것을 빼앗아 가도
난 침묵으로 대답했다

침묵은 약자의 힘
겨울의 발톱이 날카로울수록
땅속으로 땅속으로
심지를 내린다

가끔
분노에 찬 근육을
불뚝 내밀며
눈폭탄에도 칼바람에도
고개 숙이지 않았다

겨울의 끝 봄을 건너 여름
더위에 지친 나그네가
내 품을 찾아오는 한
침묵은 나의 기다림이었다

봄비 소리

토닥토닥
어깨 두드리며
봄이 온다는
카톡소리

휑한 텅빈 계곡
남녘 바람 타고
버들개비 잠깨우는
생명의 노크

돌담 두드리고
개나리 가지적셔
부풀어진 꽃망울에
노랑연지 두드리며

아가씨 허리 같은
가녀린 수양버들
가지타고 흐르는
연둣빛 낙수 소리

마음을 비추는 거울

매일
쳐다보는 거울
내 속은 안보이고
내 뒤도 못 본다

나의 반만 보고
다 본 듯 한다
내 뒤는
남이 더 잘 아는데

태양도
종일 흰색인데
붉은 태양이라 한다

투명성은
흐린 유리창 안

내 뒤를 잘 아는
남이 두렵다
마음을 비추는 거울이 나오면

더 더욱 두렵다

투명한 거울 앞에
발가 벗겨진
내가 두려워진다

잡초

살얼음 사이로
가닥가닥 햇살 모아
옥양목 비에 젖듯
새싹으로 물드는 봄은

겨울 끝자락
언 땅속에서도
봄을 키우는
잡초의 봄빛

키는
바람보다 작아도
근성은
바람에 꺾이지 않고

굽은 나무
선산 지키듯

찾는 이 없어 쇠락한 고가
너른 마당 지키며
홀로 별빛 같은 꽃을 피운다

토마토

한줄기
붉은 빛이

반짝이는
이슬방울 적셔

텃밭이랑
푸른 가지에 맺혔네

어스럼한 새벽
햇빛을 찾아나서는
태양을 닮은 토마토

일출의 햇살 받아
농익은 붉은 가슴

한입 베어물면
입안에 톡 터지는
태양

고독

눈 굴속에서
홀로 겨울잠을 자는 북극곰
고독의 창문을 열고보니
새끼가 가슴위에 잠을 자네
고독이 키워 놓은 꿈

어두웠던 내 마음
반짝이는 별 빛 한줄로
영혼의 촛불을 밝혀
마음의 주름에 숨어있는
꿈을 찾아 날개를 달아주니
고독이 나에게 준 선물

동구 밖 한그루 소나무
뿌리가 깊은만큼
하늘로 가지를 뻗어
높아진 가지에
보름달이 걸리고
노을이 내려 앉는다

고독은
멋진 모습 보다는
심장의 박동을 따라
나를 찾는 방랑자이다

고택의 멋

이끼 낀 기와
기울어진 고택
비록 쇠락했어도
향기는 찌렁했다

단정한 사랑방
놋그릇 제기와 벼루 붓통이 가지런하고
갓과 담뱃대는 벽에 걸렸으며
문집 고서는 시렁에서 문향을 풍긴다

사랑 툇마루에 서려있는
선비의 향기
할아버지가 손자에게 물려준
가문의 멋

비바람이 휘몰아쳐도
고택 처마의 낙숫물은
항상 제자리에 떨어진다

봄눈

상큼하게
봄을 깨운
봄눈

봄꽃을 초대하는
새하얀 카펫을
세상에 깔아 놓았다

꽃샘추위 몸살 이겨내고
봉곳이 솟아오른 꽃몽우리

오후 한 줌 햇살에
녹아내린 봄눈으로
반쯤 피어오른 홍매화

첫선이 부끄러운
처녀의 발그레한 볼같이
고웁다

홍매화가 가슴에 들어온다
봄갈이하는 쟁기날이
가슴 깊이 파고드나 보다

아지랑이

잊은 듯
그리운 듯

원망한 듯
사랑한 듯

살랑거린 봄바람이
마음의 얼음장을
녹여 버렸네

쑥이
무더기무더기 돋아나듯
내 마음도
분별없이 싹이 트니

아른거린 아지랑이처럼
옮겨 나는 나비처럼

내 마음 가는 곳
나도 모르리

카톡에 실려온 봄

카톡
고향의 만개한 매화꽃이
친구얼굴과 함께
활짝 웃는다

엊그제는
일본의 현란한 벚꽃이
바다를 건너왔다
세계의 봄이 카톡에 들어온다
철이른 꽃도 활짝 웃고

향기까지 실려오는 카톡은
언제쯤 나오려나

오늘 순백의 목련꽃 벤치에 앉아
내 코를 바람에 맡겨 볼 일이다

고향의 매화향이
남풍 타고 실려올지

박동규 시평

한 생명의 두 얼굴,
삶의 무게와 외로움의 노래

한 생명의 두 얼굴,
삶의 무게와 외로움의 노래

박동규 (서울대 명예교수, 문학평론가)

　안병주 시인은 88편의 시편으로 첫 시집을 펴내고자 나를 만났다. 그가 심상 신인상을 등단한 것은 2024년인데도 그 나름대로 등단하기 전부터 많은 시편들을 가지고 있었다. 그는 시작생활의 시작이 한시(漢詩)공부였다고 한다. 한자가 표의적(表意的)문자임을 감안하면 우리 언어가 표음적(表音的)문자이므로 그 나름대로 언어의 표현 양식에 대한 차이점에서 조금은 멈칫거림이 있었을 리 짐작할 수 있다. 그런 면을 고려하면 안 시인의 시편들을 읽어가는 동안 한시적 속성을 잘 이해하고 있으면서도 한시의 시적 구조를 참고하면서 우리 언어로 된 서정시의 아름다운 선율을 살려가며 서정의 시세계를 열심히 다듬어 온 것으로 보여진다. 특히 전통적 정서의 표현방식이나 우리 언어의 운율적 음악성의 이해라든가 더 나아가서 압축적 의미형식을 통한 정서의 긴장은 그가 한시를 열심히 연구한 탓으로 시의 완결성을 이룰 수 있었다고 보여진다. 그리고 안 시인의 시편이 보여주는 중심적 성향이 자연과 인간을 대상으로 하는 서정적 시세계라는 점은 이를 잘 반영하고 있다. 특히 그는 소재에 있어서 뿐만 아니라 시의 전개형식에서도 현대적 방식으로 보이는 언어의 애매성이나 이미지를 적절히 활용하여 시의 상상력을 확장하고 있는 점은 한국시의 새 지평을 바라보게 하는 신선한 성과라고 해야 할 것 같다.

이제 그의 시편을 소재적 분류로 보아 자연이 보여주는 본질적 형상과 자연 속에 담겨진 인간, 그리고 혈육과 그가 감당하고 사는 세상 안에서의 그가 겪어야 했던 인생에서 얻어진 내면세계의 흔들림이 담긴 시편들을 살펴보고자 한다.

1. 자연과 서정적 자아의 대면

안병주 시인의 시편에는 자연을 대상으로 하는 작품들이 많다. 그가 자연과의 대면을 서정적(抒情的) 자아(自我)를 정립하여 나라는 존재를 정서적 방법을 통해 한 인간의 개성적 삶의 정신을 설정하려 하고 있음을 보여준다. 이는 감성에 따라 자유롭게 변하는 자아의 내면 안에 감추어진 전망과 욕망, 그리고 삶에 대한 느낌을 독특한 개성을 거쳐 보여준다. 다음의 시를 보자.

아침 이슬로
단물 고아내어
무지개 빛 속살에
넘치도록 채워넣고
스며든 노을에

수줍은 얼굴로
보고싶은 내마음
밤하늘에 날려보내
7월의 달그림자
어스럼한 창가에서
손잡아 부끄러운 그녀
홍도빛 얼굴이 복숭아

- 「복숭아」 전문 -

    이 시는 대상이 복숭아이다. 화자인 '나'는 부끄러워하는 그녀에 대한 마음을 복숭아에서 보여주고 있다. 아침 이슬을 고아내어 달콤한 단물로 만들어 무지개빛 속살에 채워 넣고 거기에 '스며든 노을'의 수줍은 얼굴이 되어 보이는 복숭아는 그녀를 '보고 싶어 하는 내 마음'이라고 한다. 칠월 달그림자가 어른거리는 창가에서 홍도빛 복숭아는 '손잡으면 부끄러워하던 홍도빛 그녀의 얼굴'로 다가온다. 홍도빛 복숭아가 그녀의 얼굴과 같아지는 것이 바로 그의 서정적 동화(同化)양식이다. 사물과 자아관계에서 서정적 자아의 욕망적 실상으로 바뀌어지고 이를 사물에 입혀가는 이 방식은 그의 시적 환상이다. 손잡아서 부끄러워지던 그녀의 얼굴과 그녀의 홍도빛 얼굴의 교합은 이 시인이 지닌 민감하고 예리한 시적상상이 가져온 멋진 맺음이 되어 있다. 시인의 풍부한 감각적 환상은 날카로운 언어표현으로 특별한 창조적 관계를 만들어낸 것이다. 다음의 시를 보자.

돌담길
잠깐 머문 봄볕에
터져 나온 노오란 개나리
봄의 그리움을
꽃망울 속에서 부풀리다
봄비 오는 길목 따라
피어났습니다
노오란 꽃단장의
첫 봄나들이 가
새삼 부끄러운지
무더기무더기 한데 모여
얼굴 섞고 고개 숙여
봄이 오는 길섶 찾아
긴팔 늘어뜨려
노오란 꽃을 피웁니다

- 「개나리」 전문 -

   이 시는 활유로 개나리를 그려내고 있다. 개나리는 두 단계의 과장을 거쳐 그가 만든 노오란 개나리가 된다. 먼저 '봄의 그리움을 안고 꽃망울을 부풀리고' 다음 '봄나들이가 부끄러워 무더기로 얼굴을 섞어서 고개 숙이고 피고 그리고 이렇게 핀 개나리는 봄이 오는 길섶에서 긴 팔을 늘어뜨려 노오란 꽃으로 자리 잡는다'고 한다. 이 시는 시인의 시정신을 보여주는 몇 가지 단서를 가지고 있다. 먼저 '첫 봄나들이가 새삼 부끄러운지'라는 활유 특유의 표현법을 사용하여 세상에 처음 나오는 개나리의 심정적 환상을 드러낸 점이다. 그의 이 섬세한 관심은 그가 세상을 살아오면서 익혀진 겸양의 품성에서 우러나온 상상의 결과라고 할 수 있다. 다음으로 '무더기무더기 한데 모여 얼굴 섞고 고개 숙여' 피어난 개나리는 시인이 살아오면서 남과 함께 어울려 살아가며 혼자 나서지 않고 남에게 무리하게 폐 끼치지 않는 생활정신이 그대로 녹아있는 것으로 볼 수 있다. 이처럼 자연을 바라볼 때 받아들이는 감성이 그의 성품으로 정화되어 다른 양상으로 살아난다는 그가 지닌 개성인 동시에 그의 시가 가지는 독창성이라고 할 것이다. 다음의 시를 보자.

밤톨 같은 삼형제
인물이 남 달라서
못나가게 막아 놓고
가시로 둘렀더니
커가는 세월 어쩌겠나
부모 몰래 집 헐고
바람따라 도망갔네
오지 않을걸 알면서도
가슴열고 밤새 기다리지만
자식 있는 곳에 부모 걱정 앞서가니

밤송이 같은 염려가
온산을 덮고 있네

– 「알밤」 전문 –

　이 시는 알밤을 소재로 하고 있다. 이 알밤이라는 제목은 어찌 보면 밤송이가 여물어 터져 껍질을 빠져 나와 바닥에 떨어져 버리고 가지에 남아있는 밤송이와 연결되어 있다. 가을이 무르익으면 밤송이가 벌어지고 알밤이 탈출하여 땅으로 내려온다. 이 자연의 순리적 법칙을 가족의 삶에 투사하여 그려낸 것이다. 이 알밤을 의인화한 삼형제가 인물이 남달라서 집에 막아놓고 가시를 둘러쳐놓았다. 그런데도 세월이 흘러가다보니 부모 몰래 담을 헐고 도망갔다고 한다, 이 부분까지가 알밤과 삼형제의 동일한 탈출과정이다. 그런데 이 탈출은 부모의 걱정으로 번지고 있다. 자식이 돌아오지 않을 걸 알면서도 '가슴 열고' 기다리는 부모가 된다. 이 걱정은 자식이 있는 부모라면 누구나 가질 수 있는 인지상정의 자식사랑이며 걱정이기도 하다. 이는 알밤이 빠져 버린 밤송이의 심정이 이와 같다고 할 것이다. 조금은 다른 생각도 해볼 수 있는 것이지만 시인에게 있어서 자식이 성장하여 집을 떠나는 섭섭함이 그대로 배어 있어서 그가 지닌 부모의 인정어린 고민을 밤송이를 통해 재현한 것으로 보인다. 다음의 시를 보자.

혼자 피는 꽃이
너무 아쉬워
무더기무더기
가을 산록에 빛나는
보랏빛 모자이크
빗질 가지런한
머리카락처럼
고개 숙여 아래로
꽃을 피우고
머리 닿는 풀숲엔
청홍색 장끼
꽃술 떨기에
감로수 한데 모아
거미줄 층층마다
이슬방울 꿰이니
윤습하게 반짝이는
보랏빛 싸리꽃
이슬방울 또르르
딱새 머금으니
떨어지는 물방울에
햇살이 잠겨
방아깨비 머리 위로
톡톡 튀는 금방울

- 「싸리꽃」 전문 -

이 시는 싸리꽃을 소재로 한 정감 넘치는 가을빛 산하의 서정시이다. 이 시에서 주목해볼 점은 싸리꽃에 대한 시인의 특출한 표현감각이다. 그의 표현의 기교가 선명하게 드러난 점은 싸리꽃을 사실로부터 유리된 다른 환상의 영역으로 확대되고 있다는 점이다. 자세하게 살펴보면 시인은 무더기 지어 피어나는 싸리꽃이 가을에 '보라빛 모자이크'를 형상하고 있다고 한다. 이는 싸리꽃 송이 하나하나가 너무나 작아 홀로 특출한 형상적 특성을 크게 드러내지 못하는 것을 생각하고 '모자이크'라는 집단의 결합을 만든 것이다. 다음은 '청홍색 장끼'를 싸리꽃이라고 한다. 이러한 싸리꽃의 형상을 '빗질 가지런한 머리카락처럼'고개를 숙이고 꽃을 피운 모습으로 보여준다. 그가 상상한 빗질 가지런한 모습은 단아하게 한복을 입은 여인의 아름다움이다. 청홍색 장끼의 유연한 환상으로 환치한 것이다. 다음은 싸리에 내려앉은 이슬을 말한다. 꽃술떨기에 이슬이 거미줄에 층층이 내려앉아 감로수의 보석처럼 보이고 마지막으로 이 '톡톡 튀는 금방울'은 딱새가 머금은 물방울이 떨어지면서 방아깨비 머리위로 햇빛이 내려 금방울화 한다는 것이다. 그가 싸리꽃은 '머리 숙이고' 있지만 청홍색 화려한 장끼가 금방 튀는 하나의 생물적 율동성을 가지게 한 것이다. 그는 싸리꽃의 아름다운 변신을 병풍폭처럼 다양하게 보여주고 있다. 그의 상상력은 놀랄만하다.

2. 인간과 자연의 신비로운 결합을 꿈꾸는 합일의 지향

인간의 삶에서 시인이 느끼는 정서적 반응을 자연과 결합하여 새로운 삶의 지향을 보여주는 시편군이 있다. 그가 한시에서 얻은 정서적 체험을 자연에 투사하여 보여주는 방식에서 새로운 변조를 찾아내어 인간이 살아가며 겪게 되는 굴곡의 단면과 자연을 조화롭게 연결하여 새로운 삶의 전망을 보여주려 하고 있다. 그냥 풍월을 노래하는 것이 아니라 삶의 환희나 비탄 혹은 희망과 절망을 자연을 대상으로 그려내려 한 것이다. 다음의 시를 보자.

> 시월 하늘을 닮아
> 고결하게 피어나는
> 가을 장미
> 맵시 고운 한복에
> 청순한 규수 같아
> 달빛 어린 붉은 뺨은
> 가을바람에 흔들리는데
> 노을이라도 물들 날이면
> 짙은 향기 익어가는
> 애탄 가슴 부여안고
> 먼 하늘 별빛에
> 하얀 사창 몰래 열어
> 달빛 그림자 따라
> 밤마실 나갑니다
>
> - 「가을장미」 전문 -

이 시는 가을에 핀 장미를 소재로 하고 있다. 이 시가 가지는 특이한 점은 밤마실 나가는 청순한 규수를 장미와 결합하고 있다는 점이다. 안 시인의 시가 감정의 절절한 깊이를 노래하고 있는 점이 그만의 시적 성향이지만 이보다 더 개성적인 것은 다름 아닌 밝고 맑은 세계로 나아가는 지향성이라고 할 것이다. 그는 가을 장미의 특징을 고결한 성품으로 묘사하고 이를 '맵시 고운 한복에 청순한 규수'라고 한다. 이 규수라는 말은 안 시인의 의식 속에 가장 신선한 매력을 가진 연인의 표상이다. 이는 그의 어머니에게 물려받은 시대적 삶의 정신적 가치관을 보여주고 있다. 안 시인의 외할아버지가 한시를 닦아 왔고 그의 어머니가 내방가사를 많이 지었다는 시인의 진술을 볼 때 그가 생각하는 여인의 아름다움이라는 표준이 바로 규수라는 점에서 그가 어떻게 살아왔는가를 보여주는 것이기도 하다. 그에게 가을 장미가 한 청순한 여인으로 보이는 것은 물론 그만의 상상에 의한 시적 변용의 방법에서 생긴 것이겠지만 조금 심층적 의식공간을 염두에 둔다면 그의 어머니에 대한 환영이 될 수 있다는 것을 유추할 수 있다. 비록 그가 3살 때 어머니가 세상을 떠난 뼈저린 아픔이 있었지만 그는 이 아픔을 승화하여 가을 장미의 청순한 여인으로 미화한 근거가 되고 있다고 볼 수 있다. 그리하여 그에게는 평생을 가슴 한 쪽에 장미 같았던 어머니라는 아름다운 추억을 가지고 살고 있었다는 것을 보여준 것이다. 참으로 애절한 아름다움이라고 할 것이다. 다음의 시를 보자.

달력을 본다는건 희망을 찾는 일
서른개의 방에서 서른개의 희망을

한해의 끝으로 달려가는 11월
　　걱정이 없고서야 어찌 밤이 길겠는가
　　한해의 축제가 마무리 되고
　　12월의 겨울잠으로 해그림자 길어질 때
　　내 가슴에 번져오는 두려움
　　올해의 나이테는 어떻게 익었을까
　　노란 은행잎 일까 칙칙한 플라타너스 일까
　　발표를 앞둔 수능생의 불안한 가슴으로
　　11월의 신호등 앞에
　　마음 졸이며 서있다

　　　　　　　　－「11월의 달력」전문 －

　이 시는 11월이라는 시간의 한 단위를 소재로 하고 있다. 흔히 시간을 세월이라고 해서 시간의 연결된 진행을 의미하는 경우가 있지만 안 시인에게는 시간의 한 단위인 11월 달력을 선택하여 11월이 주는 삶의 의미를 새겨보고 있다. 송곡 안병주 시인에게는 시간의 지속성에 따른 운명론적 인생관이나 자연관이 아닌 현상적이고 수평적인 관점에서 그가 당면해야 하는 시간과 그 시간이 주는 의미를 이 시에서 보여준다. 그러기에 그는 '달력'을 희망을 찾는 일이라고 하면서 '서른 개의 방'이라고 하루하루를 설정하고 있다. 설정의 이유는 '희망'이라는 삶의 지표를 가지고 살아야 한다고 하면서 '걱정이 없고서야 어찌 밤이 길겠는가'라는 물음을 던진다. 이 물음은 12월이

오면 겨울잠으로 해그림자 길어질 때 느끼는 두려움을 극복해야 하는 것이다. 시인은 성찰의 시간을 도입하여 자신의 사람의 중심에 놓인 과제들을 '발표를 앞둔 수험생의 불안한 마음'으로 11월을 바라보고 있다. 그는 '가슴조이며 하루하루를 살아가는 삶'의 현상학적 접근을 이 11월을 심정적으로 느끼고 이러한 바탕에서 자아성찰의 아름다운 사람의 철학을 이루고 있다. 다음의 시를 보자.

> 눈이 쏟아지는 날
> 꿈꾸는 한 조각 눈이 되어 날아간다
> 창호지 밖으로 내리는 눈이 보이는 밤
> 마당에 눈 쌓이는 고요한 소리 들리고
> 따뜻한 화롯가의 군밤 냄새는
> 문풍지를 타고 바람에 실려 나간다
> 주름진 할머님 얼굴에도
> 사랑이 눈처럼 쌓이고
> 숲속 눈길 오르면
> 새 세상이 펼쳐 있을까
> 꿈길 가듯 눈길 밟는데
> 나만의 별세계를 누가 볼까 봐
> 쏟아지는 눈은 내 발자국을 감춘다
> 눈꽃 속에 녹아든 하루였다
>
> -「눈 오는 날이면」전문 -

이 시는 눈 오는 날에 꿈꾸는 한 청년의 삶을 담고 있다. 젊은 날 농촌 따뜻한 화롯가에 앉아 눈이 쏟아지는 창밖을 내다보며 상념에 잡혀 있다. 나 역시 비록 도시에 살았지만 저녁 무렵 창밖에 눈이 내리는 광경을 보고 있노라면 감상적 환상에 잡히고 했다. 이 시의 화자는 다름 아닌 고요한 농촌 청년으로 화롯가에 앉아 밖을 내다보며 미래를 생각한다. 이 미래는 그가 살고 있는 동네 저 숲속 길을 빠져 나가면 어떤 새 세상이 펼쳐질까 궁금함이다. 그렇다고 그는 튀어 날 수 있는 형편도 아니다. 그에게는 사랑하는 '주름진 얼굴의 할머님'이 곁에 계신다. 이 할머니와의 이별은 어찌할 것인가 그는 '꿈길 가듯' 눈길을 밟으면서도 행여나 '나만의 별세계'를 누구에게 들킬까봐 눈이 내 마음을 알고 발자국을 덮어준다. 이렇게 눈에 녹아든 하루를 그대로 보여준다. 안 병주 시인이 젊은 날 짊어졌던 삶의 무게는 그를 눈 위에 새겨진 발자국을 덮어주는 눈을 붙들고 위로 받고 살았던 것이라 여겨진다. 다음 시를 보자.

[업셔]호
월남으로 파병되는
젊은 군인이 탄 수송선
전투, 부상, 삶, 죽음
정글의 벌레처럼 스멀스멀
올라오는 온갖 상념은
힘찬 군가 한곡으로 날려버리는
기백 있는 청춘
남지나해의 밤바다

사방이 수평선, 청정한 공기
피부를 간지럽히는 바람
누가 하늘에 별빛 카펫을 깔았는가
하늘에 별이 뜬게 아니라
별무리에 언뜻언뜻 하늘이 스며있다
수평선 너머로 쏟아지는 별 폭포
반사되어 출렁이는 금빛 물결
별과 함께 뛰어내리고 싶은 충동은
청춘의 푸른 감정
보름달은 구석진 골목의 외등같이
별빛 속에 묻혀 버리고
상념속에 또아리고 있는 불안감
밤바다는 씻어내고 있었다
흘러나온 노랫소리
"가시는 곳 월남땅 하늘은 멀더라도"
맹호부대 노래였다

– 「별이 쏟아지는 바다」 전문 –

 이 시는 안병주 시인이 맹호부대 용사로 월남전에 참전하러 남지나해를 수송선을 타고 갈 때 만난 바다 이야기를 감성적으로 쏟아놓은 시이다. 전쟁터로 가는 젊은 병사의 심정은 어떠하였겠는가. 이 시를 읽으며 전쟁터로 가면서 누구하고도 마음 터놓고 이야기할 수 없었던 그의 내면을 그대로 바다와 한 몸이 되어 그를 드러내 보여주고 있다. 그렇기 때문에 그의 시가 지닌 작품성의 문제가 아니라 그가 월남전에 참전하면서 가졌던 통렬한 생명에 대한 그만의 심정을 이해하고 그가 처해 있었던 그 당시의 사정을 고려하면서 작품의 내면을 보려고 한다. 시의 첫 연과 이 연은 월남으로 파병되는 젊은 군인으로 미군 수송선인 업셔호에 승선하고 남으로 향하는 순간의 마음을 그대로 쏟아내고 있다. 셋째 연은 젊은 그가 망망대해에서 그의 심정에서 우러나는 전투, 부상, 삶, 죽음을 떠올리며 정글에서 벌어질 전쟁의 공포와 자신의 생명 그리고 산다는 것에 대한 모든 상념에 묻혀있으면서도 전우와 수송선 안에서 소리쳐 불러보는 군가 한곡으로 스스로를 달래기도 하고 상념을 떨쳐버리고자 한다. 그리고 중요한 것은 이 시의 후반이다. 3연에서 7연까지는 그의 마음에 일어나는 남지나해의 바다풍경을 그려내고 있다. 이 부분의 시는 그가 남지나해의 바다를 가슴으로 느끼며 일어나는 출렁이는 파도 같은 감정의 술회를 비유적 형식을 빌어 표현하고 있다. 그는 수평선을 덮고 있는 청정한 공기와 바람, 그리고 밤에 바다에 떠있는 '별무리에 언뜻언뜻 하늘이 스며있다'고 한다. 하늘에 깔린 별빛 카펫을 찾아낸다. 그리고 수평선너머로 쏟아지는 별 폭포를 보면서 뛰어내리고 싶은 충동은 그의 젊은 가슴을 보여준다. 또 보름달은 오히려 별에 묻혀 '구석진 골목의 외등'같아 보인다. 이 별과 바다는 전장으로 뛰어들어가는 마음을 씻어내어 준다. 마지막 그의 환상을 깨는 것은 '가시는 곳 월남땅 하늘은 멀더라도' 맹호부대 노래였다고 고백한다. 이 고백의 뒷면에는 어쩔 수 없이 월남전에 가야 했던 젊은 영웅에 가슴에 담겨진 바다와 별과 그리고 전우와 함께 부르는 군가가 하나의 울림으로 그를 얼마나 처절하게 자신을 외로움에 젖게 하였을까를 상상할 수 있다.

3. 인간의 외로움과 짊어진 삶의 짐과 행로

안병주 시인에게 있어서 시는 그의 심장박동소리처럼 살아있음을 증명하는 혼자만의 생명이야기를 대상으로 한 고백적 서정이었다고 할 것이다. 그가 1980년도에 할머니에게 효행을 통해서 중앙일보에 게재되어 효행상을 수상한 것은 단순한 사건이 아니었다. 그가 할머니와 어머니를 모시고 8남매의 장남으로 집안을 끌고 평생을 살아온 고난의 길을 생각하면 그가 어린 날부터 그 자신의 성장이 무엇을 의미하는지를 알고 월남전에 가야 했던 일들은 젊은 날의 몸부림친 생존의 길이었다. 그뿐만 아니다. 농협에 들어가 그가 이룩한 업적은 이루 말할 수가 없다. 두루 요직을 거치며 총리상을 받아가며 원만히 수행하고 정년 후에도 여러 기업에서 발군의 역량을 보여준 것은 참으로 훌륭하다. 그의 힘든 사회생활을 성공적으로 이끈 피나는 노력과 함께 그가 가정을 이끌며 혼자 짐 지고 가는 삶의 무게를 견디며 느꼈던 그 만의 '외로움'은 아무도 모르는 그 만의 숨소리였다. 다음 시를 보자.

> 애절한 그리움이
> 눈물이 되면
> 가슴에 담아 두시면
> 마음의 호수가 됩니다

하고싶은 말이
수줍고 부끄러우면
가슴에 적어 보시면
마음의 편지가 됩니다
마음의 편지를
호수에 띄어보면
퍼져 나가는 파문처럼
사랑이 일렁입니다

- 「사랑의 시작」 전문 -

　이 시는 사랑이 움터 날 시절에 쓴 사랑시이다. 이 시의 특성은 대상이 보이지 않는다는 점이다. 그가 혼자 '사랑'을 느낄 때 스스로 달래가며 홀로 눈물을 흘리면 마음에 눈물이 고여 호수가 된다고 한다. 이 사랑은 부끄러워 가슴을 적시면 마음의 편지가 된다고 한다. 이 마음의 편지를 호수에 띄우면 풋과일 같은 사랑의 독백이 된다고 한다. 화자인 나는 부끄러워 고백할 수도 없는 사랑의 싹을 키워가며 젊은 날을 보내는 가슴앓이의 애달픈 사랑이 눈뜨는 순간의 사연을 보여주고 있다. 화자는 누구에게도 풀어놓을 수 없는 외로움이 사랑이라는 이성에 대한 그리움을 안으로 삭혀가는 순간을 겪고 있었던 것이다. 다음의 시를 보자.

기댈 언덕이라도 있어야 하는데
할머님의 한숨과 함께 입버릇이 된 말씀
그럴 때 마다 난 산으로 올랐지
바다를 보면서 꿈을 키웠고
일출을 보면서 힘을 키웠다
뿌리는 상엽토에
입은 스프링 쿨러에
체온은 난방 스위치에 의존하는
온실에 핀 꽃은 조화 냄새가 나고
바위틈 찾아 뿌리 내리고
이슬과 비로 목을 축이며
별빛으로 난방을 하는
산매화에는 생명의 향기가 풍겨오니
할머님
꿈이 땀을 만나면 기댈 언덕이 됩니다

- 「기댈 언덕」 전문 -

  이 시는 살아가는 인간이 가지는 소리 없는 절규의 소리를 담고 있다. 세상을 살아가면서 어려운 일이 있으면 지푸라기라도 잡고 도움을 얻고 싶어 할 때가 어디 한 두 번이겠는가. 시인은 부모도 젊은 날에 보내고 할머니와 새 어머니가 낳은 일곱 자식의 맏아들로 집안을 짊어지고 살아야 했던 그 막중한 무게를 감당하면서 얼마나 힘들고 외롭고 처절했겠는가. 그는 이 처절함을 '기댈 언덕'이라는 말로 집약하여 그의 심중을 보여주고 있다. 이 시에서 주목해볼 점은 할머니의 한숨과 입버릇이다. '기댈 언덕이라도 있어야 하는데'하고 할머니의 입버릇은 맏아들로 고생하는 시인을 향한 안쓰럽고 답답한 한숨이었다. 시인은 이런 말을 듣는 순간 '난 산에 올랐지'라고 한다. 그리고 그는 바다를 보면서 꿈을 키웠고 일출을 보면서 힘을 키웠다고 한다. 스스로 '온실에 핀 꽃은 조화 냄새가 난다'고 자신에게 타이르면서 '별빛으로 난방 하는 산매화'의 생명 향기를 꿈꾸며 이 꿈이 기댈 언덕이 된다고 할머니에게 말하고 있다. 이 시의 표면적 내용은 용기와 꿈으로 세상을 이겨내는 의지의 결의이지만 감추어진 의미는 그가 겪은 외로움의 피맺힌 울음이라고 할 것이다.

이제 끝으로 안병주 시인의 첫 시집의 글을 종합해보면 그의 첫 시집은 그가 살아오는 동안 겪은 삶의 내면적 세계를 생애적으로 보여주는 것이 중심적 성향이라고 할 것이다. 또 중요한 가닥은 그가 산문적 고백서가 아닌 시의 형상으로 응집시킨 내면세계는 그의 오랜 세월 거의 체질화한 한시적 운율이나 언어의 다양한 표현양식이 융합해서 한국적 전통성을 지닌 서정시를 엮어낸 것이다. 그에게는 가슴에 담긴 수많은 사연을 응집하여 서정의 울림으로 절제된 시형을 완성시킨 것은 그가 할아버지의 한시와 어머니의 내방가사 등으로 이어지는 정신문화의 유산과 그가 지닌 생명가치의 열정적 수행이라는 장인정신의 소산이라고 할 것이다. 그의 시집이 가지는 출간의 의의는 한 인간의 생애를 시라는 형식을 통해 그의 내면세계를 관통하는 외로움의 견딜 수 없었던 응어리와 그가 살아오며 닦아온 인간다움의 참됨을 하나의 시로 보여준 점은 경이로운 것이다. 이제 첫 시집을 축하하며 한국 시 발전에 정통적 시의 새로운 모색이라는 지평을 헤쳐 나갈 것을 기대한다.

초판 인쇄일 2025년 7월 3일
초판 발행일 2025년 7월 3일
지은이 안병주
발행인 박근정
발행처 심 상

06788 서울특별시 서초구 양재동 353-4 청암빌딩 2F
TEL. 02-3462-0290
FAX. 02-3462-0293
출판등록 제라-1696

값 15,000원
© 안병주
ISBN 979-11-85659-54-1